AF388836

LE CHEVAL DE CRÉQUI,

COMÉDIE EN DEUX ACTES ET EN TROIS PARTIES,

MÊLÉE DE CHANT,

PAR MM. A. DECOMBEROUSSE ET LÉON D'AMBOISE,

Représentée pour la première fois à Paris, sur le théâtre du Vaudeville, le 26 octobre 1839.

DISTRIBUTION :

OLIVIER GOMBAULT.............	M. ÉMILE TAIGNY.	LA MARQUISE DE NAVAILLES....	Mᵐᵉ THÉNARD.
LE COMTE DE CRÉQUI	M. HIPPOLYTE.	LA COMTESSE DE CAYLUS.........	Mᵐᵉ DOLIGNY.
LE VICOMTE DE NOGARET.....	M. PHILIPPE.	MICHON, valet de Créqui............	M. BALLARD.

La scène se passe sous la minorité de Louis XIII.

ACTE I.

Une salle du Louvre. — Au fond, une galerie ; portes latérales à droite et à gauche ; un fauteuil de chaque côté de la scène.

SCÈNE I.

CRÉQUI, GOMBAULT, puis LA MARQUISE DE NAVAILLES.

(Au lever du rideau, Créqui et Gombault sont sur le devant de la scène.)

CRÉQUI.

A demain donc, monsieur le poète.

GOMBAULT.

Tout de suite, M. de Créqui.

CRÉQUI.

Soit ; je vous ferai seulement observer que la nuit est venue.

GOMBAULT.

On peut se procurer des flambeaux.

CRÉQUI.

Non, non ! c'est inutile. Un duel à Colin-Maillard !.. ce sera plus drôle ; d'ailleurs, si j'y voyais, la partie ne serait pas égale entre nous.

GOMBAULT.

Trop bon, mille fois...

CRÉQUI.

Dans une heure, au bas du grand escalier.

LA MARQUISE, entrant et se tenant à l'écart.
Ensemble ! écoutons !

CRÉQUI.

Ah ! j'oubliais... Ayez soin de vous procurer des armes et un témoin.

GOMBAULT.

Soyez tranquille.

ENSEMBLE.

Air : Plus d'amis, de maîtresses. (LONGNOT.)

GOMBAULT.

Quand votre voix m'appelle
Vous verrez, monseigneur,
Que je suis, par mon zèle,
Digne de cet honneur.

CRÉQUI.

A ma voix qui l'appelle,
Lorsqu'il vient, plein d'ardeur,
Il se rend, par son zèle,
Digne de cet honneur.

LA MARQUISE.

Une crainte mortelle
Me déchire le cœur,
Cette voix, qui l'appelle,
Me présage un malheur.

(Les deux cavaliers se saluent, et sortent, chacun d'un côté opposé.)

LA MARQUISE, seule.

Un duel... j'en étais sûre ! (Regardant du côté par lequel Gombault est sorti.) Oh ! il faut absolument...

SCÈNE II.

LA MARQUISE, Mᵐᵉ DE CAYLUS.

Mᵐᵉ DE CAYLUS, entrant par le fond.

Que fait donc là, toute seule, la belle marquise de Navailles ?

3.

LA MARQUISE.

Ah ! comtesse de Caylus, dites-moi vite le nom de ce cavalier qui rejoint en ce moment ce groupe de gentilshommes.

Mᵐᵉ DE CAYLUS.

Celui qui a des nœuds verts ?

LA MARQUISE.

Non, l'autre, à côté, dont la figure est si noble, si expressive ?

Mᵐᵉ DE CAYLUS.

Comment ! vous l'ignorez ? d'où sortez-vous donc, ma chère ?

LA MARQUISE.

Vous savez bien que, depuis mon veuvage, c'est la première fois que je revois la cour.

Mᵐᵉ DE CAYLUS.

Eh bien ! cette figure si noble... si expressive. appartient à notre gentil Olivier Gombault.

LA MARQUISE.

L'auteur du poème d'Endymion ?

Mᵐᵉ DE CAYLUS.

C'est cela même.

LA MARQUISE.

Cet Olivier ! dont les ouvrages m'ont causé un si vif plaisir, serait celui à qui je dois la vie !

Mᵐᵉ DE CAYLUS.

Vous lui devez la vie, et vous ne le connaissez pas ?

LA MARQUISE.

Mon Dieu, non !

Mᵐᵉ DE CAYLUS.

Voilà qui est original, par exemple !.. Mais attendez donc, je me rappelle... oui, on m'a, jadis, raconté cette histoire... En Auvergne, un cavalier qui, pour vous éviter l'atteinte d'un sanglier furieux, tombe, blessé lui-même...

LA MARQUISE.

Et que je fus contrainte, par la jalousie de M. de Navailles, de laisser aux soins de mes valets avant qu'il eût ouvert les yeux.

Mᵐᵉ DE CAYLUS.

J'y suis, maintenant.

LA MARQUISE.

Jugez de mon désespoir, de mon effroi, cet homme qui m'a sauvé la vie, demain va de nouveau exposer la sienne, et toujours pour moi !

Mᵐᵉ DE CAYLUS.

Comment, notre poète...

LA MARQUISE.

Tout à l'heure, au cercle de la reine, où je l'avais reconnu... ne sachant comment attirer ses regards, fixer son attention, et cependant pressée du désir de lui témoigner ma reconnaissance, j'ai laissé tomber un de mes gants en passant devant lui.

Mᵐᵉ DE CAYLUS.

Eh bien ! ce gant, il l'a ramassé, vous l'a remis avec toute la grâce qui le caractérise, et...

LA MARQUISE.

Point du tout ; pour mon malheur, M. de Créqui était derrière moi.

Mᵐᵉ DE CAYLUS.

Ah ! je comprends, et jaloux comme un homme qui doit vous épouser...

LA MARQUISE.

J'ai promis seulement de répondre dans trois jours !

Mᵐᵉ DE CAYLUS.

Et il ne faut qu'une seconde pour dire non. C'est juste.

LA MARQUISE.

Enfin, M. de Créqui a surpris ma pensée, et mon gant relevé par lui a été le sujet d'une querelle ; demain ils doivent se battre.

Mᵐᵉ DE CAYLUS.

Ciel ! le comte qui est si redoutable...

LA MARQUISE.

Ah ! rassurez-vous, je saurai bien empêcher... Mais voici M. Gombault qui revient.

Mᵐᵉ DE CAYLUS.

Voulez-vous que je lui parle ?

LA MARQUISE.

Non, c'est à moi... à moi seule... et maintenant... je l'oserai !.. Vous, tâchez que M. de Créqui ne quitte pas le Louvre avant que j'aie pu le voir.

Mᵐᵉ DE CAYLUS, sortant.

Comptez sur moi.

SCÈNE III.

LA MARQUISE, GOMBAULT.

GOMBAULT, entrant par la gauche sans voir la marquise, qui a reconduit Mᵐᵉ de Caylus jusqu'au fond.

Elle avait laissé tomber son gant devant moi... elle voulait me parler, cela est certain... Et de quel droit ce M. de Créqui est-il venu m'enlever une faveur qu'on me destinait !.. ah ! que j'aurai de plaisir à prouver à cet orgueilleux comte qu'on sait tenir autre chose qu'une plume...

LA MARQUISE, à part.

Comment l'aborder ?...

GOMBAULT.

Allons, il est temps de m'occuper des préparatifs... Mon ami Nogaret, qui a une passion malheureuse pour la poésie, mais non pour le poète, me servira de témoin.

LA MARQUISE, l'arrêtant.

Pardon, monsieur, oserais-je vous prier de rester ?..

GOMBAULT, à part.

La Marquise ! (Haut.) Madame... certainement... c'est une faveur...

LA MARQUISE.

Qui vous contrarie beaucoup en ce moment.

GOMBAULT.

Oh ! je vous jure...

LA MARQUISE.

Vous ne savez pas mentir, monsieur... vous êtes mécontent, surpris...

GOMBAULT.

Surpris... je l'avoue... et surtout bien malheureux... à l'idée de ne pouvoir profiter...

LA MARQUISE.

Permettez que j'achève... Je suis une étrangère pour vous ; mais je vous connais, moi... monsieur... et depuis long-temps.

GOMBAULT.

Depuis long-temps !..

LA MARQUISE.

En quels lieux ? par quelle circonstance vous ai-je connu ?.. je ne vous le dirai pas.

GOMBAULT.

Eh ! madame, que m'importe !.. pour sentir le bonheur, a-t-on besoin de le comprendre ?

LA MARQUISE.

Maintenant vous savez ce qui peut seul excuser ma conduite ; j'irai droit au but, et j'espère que vous me répondrez en mettant de côté tout sentiment de défiance. Dites-moi, vous êtes-vous battu souvent ?

GOMBAULT.

Jamais, grâce à Dieu !

LA MARQUISE.

Alors... comment ferez-vous, demain !

GOMBAULT.

Demain !

LA MARQUISE.

Oui, demain ?.. J'étais là tout à l'heure... j'ai tout entendu... je sais tout...

GOMBAULT, à part.

Excepté le moment.

LA MARQUISE.

Répondez-moi.

GOMBAULT.

Je ferai de mon mieux, madame.

LA MARQUISE.

Mais, savez-vous que vous avez affaire à l'un des hommes les plus habiles...

GOMBAULT.

Que voulez-vous, madame, je serai sans doute fort embarrassé, comme je le suis en ce moment, en présence de celle qui l'emporte en beauté sur toutes les dames de la cour de France.

LA MARQUISE.

Vous êtes trop galant, monsieur, pour que j'hésite à vous adresser une prière.

GOMBAULT.

Une prière ! à moi, madame ?.. je serais assez heureux... Parlez ! mon sang... ma vie...

LA MARQUISE.

Au contraire, c'est elle que je veux ménager.

GOMBAULT.

Ah ! madame, vous êtes bien cruelle ; vous songez, je le vois, à me demander une chose impossible... J'ai donné ma parole, et pour rien au monde...

LA MARQUISE.

Ainsi, monsieur, vous êtes décidé ?

GOMBAULT.

Irrévocablement. Mais, pourquoi trembler ? vous le savez, je ne suis pas un adversaire bien redoutable... si les jours de quelqu'un ici sont exposés, ce ne sont pas ceux de M. de Créqui.

LA MARQUISE.

Ah ! vous vous méprenez, monsieur !.. un motif grave... puissant... tout autre que celui que vous supposez, me fait souhaiter que ce duel n'ait pas lieu. Je ferai tout au monde pour l'empêcher ; ne pas réussir... serait mon désespoir éternel ; mais Dieu m'est témoin que je ne le voudrais pas au prix de votre honneur... Non, non, rassurez-vous, ce n'est pas vous qui devez reculer... c'est votre première affaire... on pourrait soupçonner votre courage... Vous irez donc au rendez-vous, mais si M. de Créqui ne s'y trouvait pas...

GOMBAULT.

C'est impossible !

LA MARQUISE.

Soit !.. enfin... s'il ne s'y trouvait pas... lui, dont la réputation est faite.

GOMBAULT.

La mienne est à faire, madame.

LA MARQUISE.

Laissez-moi achever... si par un motif... une circonstance... il venait à oublier l'heure, me promettez-vous de ne chercher sous aucun prétexte à renouer cette querelle ?

GOMBAULT.

Ah ! madame, M. de Créqui est bien heureux.

LA MARQUISE.

Vous ne répondez pas ?

GOMBAULT.

Priez-moi bien fort et bien long-temps, madame, et je pourrai peut-être consentir... mais à une condition.

LA MARQUISE.

Une condition !

GOMBAULT.

Oui, permettez-moi de donner à cette jolie main le baiser que j'aurais eu le droit d'y déposer en vous remettant le gant que vous aviez laissé tomber.

LA MARQUISE.

Ah ! vous me rappelez un manque de courtoisie dont je vous en voudrai toute ma vie.

GOMBAULT.

Et même après ma mort.

Air de Téniers.

Songez-y bien, madame, cette grâce
Que j'ose ici demander à genoux,
Dans un instant qui déjà fuit et passe
Me l'accorder, hélas ! le pourrez-vous ?

LA MARQUISE, à part.

Ciel ! que dit-il ?

GOMBAULT.

　　　　Pour faute si légère,
Votre courroux sera-t-il éternel.
On ne peut pas s'occuper de la terre
Lorsque les yeux sont tournés vers le ciel.

LA MARQUISE.

Jurez-vous de faire ce que je vous ai demandé ?

GOMBAULT.

Je le jure... par vous, madame.

LA MARQUISE.

Voici ma main, monsieur.... Et que Dieu vous protége !   (Elle sort vivement.)

SCÈNE IV.
GOMBAULT, NOGARET.

GOMBAULT.

Maintenant quel que soit mon sort, je ne me plaindrai pas ! Mais voici Nogaret qui vient fort à propos.

NOGARET, entrant vivement.

J'ai trouvé ma rime ! j'ai trouvé ma rime !

Air : Approchez tous, venez m'entendre. (Philine.)

Oui, oui, je tiens la fugitive,
Elle est captive cette fois ;
J'ai triomphé de la rétive
C'en est fait, elle suit mes lois.
Enfin, divine poésie,

Je m'enivre à ton ambroisie,
Et de mon front des vers fort beaux
Bondissent comme des chevreaux.
Oui, oui, je tiens, etc.

(Apercevant Gombault.)

Ah ! te voilà... tu seras content de moi, ô mon illustre frère en poésie... Quand je dis frère, tu es mon aîné... je suis le cadet... le cadet de beaucoup !.. presque en nourrice encore.

GOMBAULT, à lui-même.

Comme elle tremblait en me parlant.

NOGARET.

Je ne t'égalerai jamais ! Pourtant, qui sait... mes progrès sont effrayans... Il y a deux mois, je ne savais pas ce que c'était qu'un vers, et ce matin, j'en ai fait trois sans débrider.

GOMBAULT.

Oh ! ce n'était pas pour lui seul !

NOGARET.

Je crois, dieu me pardonne, qu'il ne m'écoute pas. (Élevant la voix.) Olivier ! mon ami !

GOMBAULT, se retournant.

Ah ! bonjour, mon cher vicomte.

NOGARET.

Appelle-moi ton élève, ça me fait plaisir.

GOMBAULT.

J'ai un service à réclamer de ton amitié.

NOGARET.

Volontiers... A condition que tu écouteras d'abord mes trois vers. (Déclamant.) Minuit allait sonner...

GOMBAULT, regardant la pendule.

Minuit, dis-tu... l'on m'attend.

NOGARET.

L'on t'attend... la récompense de quelque sonnet, de quelque ballade... quelque délicieux rendez-vous, sans doute.

GOMBAULT.

Oui, où tu vas me servir de témoin.

NOGARET.

Ah bah !.. tu veux te battre, toi... qui nous disais, pas plus tard qu'hier, de si belles choses contre le duel !

GOMBAULT.

Eh ! je vous en dirai de bien plus belles encore demain, s'il plaît à Dieu et à M. de Créqui.

NOGARET.

M. de Créqui !.. c'est avec lui que tu vas dégaîner ? (A part.) Diable ! diable ! (Haut.) Et il n'a pas de honte... s'attaquer à un génie sublime qui ne sait pas seulement parer en quarte, ni en tierce... Eh bien ! non, tu ne te battras pas... c'est moi, moi seul !.. et avec l'arme la plus terrible !.. celle du raisonnement.

Air du Piége.

O poètes ! démons du ciel,
Race guerroyante et fougueuse,
Vos lèvres distillent le miel
Votre âme reste furieuse.
Pour flétrir d'indignes combats,
Je m'en vais rimer au plus vite.
Créqui, morbleu ! tu m'entendras...

GOMBAULT, à part et gaîment.

Il est sûr de le mettre en fuite.

NOGARET.

D'ailleurs, je ne souffrirai pas que le duel ait lieu ce soir ; demain, si vous le voulez absolument.

GOMBAULT, à part.

Ce diable d'homme !.. il serait capable... (Haut.) Oui, demain, tu as raison... mais d'ici là, tu ne refuseras pas de me rendre un service ?

NOGARET.

Lequel !

GOMBAULT, qui a écrit rapidement.

Tiens, prends, ces tablettes. (A part.) Elle aura du moins ma dernière pensée.

NOGARET, prenant les tablettes.

Des vers !

GOMBAULT.

Que je te charge de lui remettre.

NOGARET.

A ton libraire ?

GOMBAULT.

A la plus adorable femme de cette cour, à celle qui, seule aurait pu me faire aimer la vie. Adieu, adieu.

SCÈNE V.

NOGARET, les yeux sur les tablettes.

Quel poète ! quel poète ! que mon ami ! deux, quatre, six, huit...huit vers ! en moins de temps qu'il n'en faut pour réciter un pater !.. et moi qui suis souvent... huit jours à trouver une rime qui ne vaut rien. Il est vrai qu'il fait de petits vers, lui, tandis que les miens sont immenses !.. douze pieds !.. et même quelquefois... je regrette qu'on n'en fasse pas de vingt-quatre, j'essaierais de ceux-là... j'aime le grandiose, moi... j'aime à m'étendre... mais j'y songe, il a dit : A la plus adorable ! voilà une drôle d'adresse ! celle que nous aimons est toujours la plus adorable !.. Parbleu ! ces vers vont m'apprendre sans doute... (Parcourant les tablettes.) Beauté... flamme... majesté... Majesté !.. là, j'en étais sûr... évidemment, c'est la reine !.. ce que je ne voulais pas croire... ce que tout le monde dit ici serait vrai... mon ami oserait !.. en effet, la manière gracieuse dont Marie de Médicis l'accueille toujours... (Relisant.) Oui, oui, il est évident... une reine seule peut inspirer d'aussi beaux vers, des rimes aussi parfaites !.. Allons remplir ma mission. (S'arrêtant.) Diable ! la reine ! c'est un peu scabreux. Sa Majesté ne sera peut-être pas très flattée de m'avoir pour confident... Que faire ?.. Ah ! madame de Navailles.

SCÈNE VI.

NOGARET, LA MARQUISE DE NAVAILLES.

LA MARQUISE, à elle-même.

Madame de Caylus n'a pu rejoindre M. de Créqui.

NOGARET.

C'est le ciel qui vous envoie, belle dame, pour me tirer de peine.

LA MARQUISE.

Parlez, monsieur, de quoi s'agit-il ?

NOGARET.

De remettre ces tablettes à la reine.

LA MARQUISE.

De votre part ?

NOGARET.

Du tout... ne confondons pas... je ne lève pas

les yeux aussi haut... j'ai la vue basse... il est
bien permis d'être perfide ; mais il ne faut jamais
être inconvenant, et je n'aurais certes pas eu l'im-
pertinence d'avoir recours à vous, la meilleure
amie de madame de Caylus, que je fais profession
d'adorer... d'ailleurs, il n'appartient qu'au plus
grand de nos poètes d'adresser des vœux à la
reine.

LA MARQUISE.

Quoi ! monsieur, ces tablettes ?

NOGARET.

Sont pour la reine, oui, madame... une décla-
ration des plus passionnées.

LA MARQUISE, à part.

Oh ! mon Dieu ! (Haut.) Donnez, monsieur,
donnez, je remplirai votre désir.

NOGARET, lui remettant les tablettes.

Ah ! merci, mille fois... parceque, voyez-vous,
la reine m'aurait peut-être fait des questions...
et ça m'aurait embarrassé... il m'arrive certainement de dire parfois de très jolies choses... tout
de suite... mais j'aime mieux les préparer à loi-
sir.

LA MARQUISE, à part.

Il ne me reste plus qu'un devoir... il m'a sauvé
la vie... demain nous serons quittes. (Haut.) M. le
vicomte, si vous voyez M. de Créqui, dites-lui, je
vous prie, que je l'attends.

NOGARET.

A l'instant même, madame. (A part.) Oh !
mais, j'y songe... si au lieu de remettre leur duel
à demain... courons ! il est peut-être encore
temps.   (Il sort vivement.)

LA MARQUISE, seule.

La reine !.. il serait posible ! ainsi ses regards,
son émotion, ses discours tout cela n'était que
mensonge ! (Après avoir lu rapidement.) Oui, oui...
il l'aime !.. oh ! mon dieu !.. j'étais folle ce matin,
(Apercevant Créqui) M. de Créqui !..ah ! je pourrai
du moins... (S'arrêtant.) J'ai peine à me soutenir.
Non ! je n'aurai jamais le courage d'accomplir un
tel sacrifice.

SCÈNE VII.

LA MARQUISE, CRÉQUI.

CRÉQUI, un peu animé par le champagne.

Le poète s'est conduit en homme d'honneur...
en homme charmant tout-à-fait ! (Apercevant la
Marquise.) Oh !.. Mme de Navailles !. si elle savait !.
elle qui a les duels en horreur.

LA MARQUISE, avec un soupir.

Allons ! il le faut... je n'ai que ce moyen. (Allant
à lui.) Monsieur, je vous avais demandé un délai
avant de vous répondre...

CRÉQUI.

Oui, trois mortels jours, encore !

LA MARQUISE,

Il dépend de vous que je prononce aujour-
d'hui... tout à l'heure et favorablement.

CRÉQUI.

Quoi ! Madame, il serait vrai... il serait possible... ordonnez... que faut-il faire ?

LA MARQUISE

Me suivre à l'instant, loin d'ici ; quitter Paris,
la cour.

CRÉQUI.

Avec vous... je quitterais le ciel

LA MARQUISE.

Ce n'est pas tout, quels que soient les motifs
du duel que vous devez avoir...

CRÉQUI, à part riant.

Oh !.. que je dois avoir...

LA MARQUISE.

Vous allez me promettre d'y renoncer.

CRÉQUI, à part.

Pauvre petite femme ! elle m'aime plus que je
ne croyais (Haut) En vérité, Madame la Marquise,
je ne sais comment vous exprimer ma reconnaissance...

LA MARQUISE.

Vous ne m'en devez pas, Monsieur, si vous
consentez...

CRÉQUI.

Oh ! je le voudrais de grand cœur... mais...
malgré la meilleure volonté... je crains bien...
il me serait bien difficile

LA MARQUISE.

C'est à vous de juger, Monsieur, si ma main
vaut le sacrifice que je vous demande.

CRÉQUI.

Elle vaut mille fois davantage ; mais...

LA MARQUISE.

Assez, Monsieur, assez... jurez-moi qu'à compter de cet instant, vous éviterez toute rencontre
avec M. Gombault, ou je ne vous revois de ma
vie.

CRÉQUI.

A compter de cet instant ? arrêtez, Madame.
(A part.) Ma foi, puisqu'elle ne parle que de
l'avenir.

LA MARQUISE.

Promettez-vous de ne pas vous battre ?

CRÉQUI.

Oui, madame, je le promets... me battre avec
lui ! que Dieu m'en garde ! Oh ! soyez tranquille,
c'est fini, je lui ferai plutôt un rempart de mon
corps...

Air de Térésa (romance de Masini.) ou : A ce Bal renoncer.
(Brodequins de Lise.)

Oui, je me suis promis
Morbleu ! de combattre,
Et de couper en quatre
Tous ses ennemis.
Olivier, ma foi,
Peut compter sur moi.
Je veux qu'on l'admire,
Que l'enchantement
Pour son beau talent
Devienne un délire.
Qui voudra railler,
D'un air cavalier,
Son noble génie,
Je le certifie,
Qu'il soit faible ou fort,
Peut se dire mort !

Car je me suis promis, etc.

LA MARQUISE.

Oh ! nous ne voulons la mort de personne. A
bientôt, M. de Créqui : souvenez-vous que vous
avez juré de me suivre.

CRÉQUI.

Au bout du monde !

SCÈNE VIII.

CRÉQUI, puis GOMBAULT, puis NOGARET.

CRÉQUI, seul.

Vive Dieu ! voici un duel qui me porte bonheur... C'est pourtant à mon nouvel ami que je dois... C'est drôle comme l'amitié ou la haine tient à peu de chose... Maintenant que nous avons croisé le fer et bu du Champagne ensemble... je l'aime, ce cher Olivier... Eh mais ! le voici... (Courant vers Gombault qui entre.) Embrassons-nous, mon cher, embrassons-nous.

GOMBAULT, à moitié gris et le bras en écharpe.

Là, là, assez, assez...

CRÉQUI.

Ton bras, comment va-t-il ?

GOMBAULT.

A merveille... ma main pourra encore écrire... (S'étendant sur un fauteuil.) Ah !...

CRÉQUI.

Mon Dieu ! tu souffres, je le vois.

GOMBAULT, se levant.

Non, non... au contraire, cette petite saignée m'a fait du bien !.. Mais je crois que le champagne... Ah ! traître de champagne... (Il retombe sur le fauteuil.) Mon Dieu ! que je dormirais donc bien...

NOGARET, entrant.

Ah ! mes amis, tout est perdu ! Fuyez... la reine a su votre duel et vient de donner l'ordre à son capitaine des gardes de vous arrêter.

CRÉQUI.

Nous arrêter ! arrêter un homme qui va se marier !... Et ce cher ami... qui ne songeait à rien, qui ne s'est battu que pour me faire plaisir... Cela serait absurde... odieux... (A Gombault.) N'est-ce pas, frère, que nous n'irons pas en prison ?

GOMBAULT.

En prison !.. moi ? Est-ce qu'il y a des prisons pour le génie ? Le génie... c'est la liberté !

NOGARET.

Eh bien ! prenez garde qu'on ne vous l'ôte à tous les deux.

GOMBAULT.

Hein ? Qu'est-ce qu'il dit donc, le vicomte ?

NOGARET.

Je dis, mon maître, qu'au lieu de recevoir des leçons d'escrime, vous auriez bien mieux fait d'en donner de poésie.

GOMBAULT.

Du tout ; je ne veux rien t'apprendre... tu n'as pas de disposition.

NOGARET.

Est-il malhonnête !

GOMBAULT.

Bonne nuit, Nogaret; bonne nuit, Créqui.

NOGARET.

Vraiment, il s'agit bien de cela, (Le secouant.) Mon ami, mon ami !

GOMBAULT.

Oui, je suis ton ami, mon petit vicomte... je suis l'ami de tout le monde... Mais... laisse-moi... je dors.   NOGARET.

Mon Dieu, nous ne parviendrons jamais à le tirer d'ici.

CRÉQUI.

Sois tranquille, dans une minute il sera bien

loin... Je vais le réveiller. (Se penchant vers Gombault.) Olivier... voici la reine.

GOMBAULT, endormi.

La reine... je suis son serviteur.

NOGARET, de l'autre côté, bas à l'oreille de Gombault.)

Olivier ! voici Mᵐᵉ de Navailles...

GOMBAULT.

Mᵐᵉ de Navailles ! où donc est-elle ?.. Ah ! je rêvais !.. pourquoi mon songe n'a-t-il pas duré ?

NOGARET.

Tu rêveras plus tard ; maintenant, il s'agit d'échapper au danger qui te menace.

GOMBAULT, se levant.

Mes chers amis, vous êtes insupportables, et je vous prie de me laisser tranquille. J'aime le danger, moi, je lui ferai des vers...

CRÉQUI.

Oui, quand tu seras en sûreté... Maintenant, c'est moi qui t'ai forcé à te battre... qui suis cause... du péril que tu cours. Tu me permettras bien de réparer ma faute ?

GOMBAULT.

Je le permets.

CRÉQUI.

Prends donc d'abord ce manteau, pour te garantir du froid...

(Il lui met son manteau sur les épaules).

GOMBAULT.

Bon, le manteau... Après.

CRÉQUI.

Maintenant, il faut que tu acceptes mon cheval.

GOMBAULT.

Ton cheval... je veux bien !

NOGARET.

Lui ! qui n'a galoppé encore que sur Pégase !

CRÉQUI.

Oh ! sois tranquille, le pégase que je lui prête est doux comme un agneau.

GOMBAULT.

Il n'est donc pas rétif... lui !

CRÉQUI.

Pas le moins du monde... il te mènera... où tu voudras...

GOMBAULT.

Oh ! où il voudra aussi... pourvu que ce ne soit pas en prison !

FINAL.

Air final du premier acte de Chut ! (GYMNASE.)

ENSEMBLE.

NOGARET, à Créqui.

Hâtons-nous !
Redoutons le courroux
Qui, bientôt, jusqu'ici,
Peut frapper notre ami ;
Sois pour lui sans effroi,
J'en réponds sur ma foi.
Sans retard, grâce aux cieux,
Il va fuir de ces lieux.

CRÉQUI, à Nogaret.

Hâtez-vous !
Redoutez le courroux
Qui, bientôt, jusqu'ici,
Peut frapper un ami.
Pour lui seul mon effroi ;
Mais je compte sur toi.
Fuyez, loin de ces lieux,
Un arrêt odieux,

GOMBAULT.

Hâtons-nous !
Le sommeil est si doux
Que, bientôt, même ici,
Sans crainte et sans souci,
Je voudrais, sur ma foi,
Obéir à sa loi ;
Car déja dans ces lieux
Tout se voile à mes yeux.

SCÈNE IX.
LES MÊMES, LA MARQUISE.

LA MARQUISE, entrant par le fond et allant à Créqui.

A vos sermens fidèle
Venez, comte.

GOMBAULT, l'apercevant.

Encore elle !..

CRÉQUI, à la Marquise.

J'obéis, Gabrielle.

NOGARET.

Viens donc, ne tardons pas,
Ma nouvelle est certaine;
Sur l'ordre de la reine,
Bientôt, le capitaine...

(Regardant.)

O Ciel ! il vient là-bas.

REPRISE DE L'ENSEMBLE.

NOGARET, à Gombault.

Hâtons-nous !
Redoute le courroux
Qui, bientôt, jusqu'ici,
Peut t'atteindre aujourd'hui.
Sois docile à ma voix,
Il est temps, tu le vois,
De fuir, loin de ces lieux,
Un arrêt odieux.

CRÉQUI, à la Marquise.

Hâtons-nous !
Ah ! je jure à genoux,
Sans retard, loin d'ici,
De vous suivre, aujourd'hui.

(A Nogaret.)

Pour lui seul, mon effroi ;
Mais je compte sur toi.
Fuyez, loin de ces lieux,
Un arrêt odieux.

GOMBAULT, à Nogaret.

Eh quoi ! fuir avec vous,
Quand un bien aussi doux,
A l'instant, jusqu'ici,
Vient chercher ton ami.
Ah ! plutôt laisse-moi,
Maintenant, sans effroi,
Affronter, en ces lieux,
Un arrêt odieux.

LA MARQUISE, à Créqui.

Hâtons-nous.
Pour toujours, avec vous,
Sans retard, loin d'ici,
Je veux fuir, aujourd'hui.

(A elle-même.)

Olivier, c'est pour toi.
Dieu, qui vois mon effroi,
Empêche, dans ces lieux,
Un combat odieux !

(Nogaret sort par la gauche en emmenant Gombault. Créqui, par la droite, avec la marquise, au moment où le capitaine entre par le fond avec ses gardes.)

La toile baisse.

DEUXIÈME TABLEAU.

La petite maison de Créqui. A gauche, un sofa avec baldaquin et rideaux; devant, une petite table ronde avec tapis, sur laquelle sont des livres et une lampe à droite. —Au deuxième plan, fenêtre; petite table carrée contre le manteau d'arlequin, chaise auprès, porte au fond.

SCÈNE I.
MICHON, seul.

Neuf heures ! Mlle Bernerette ne peut tarder... Parlez-moi du valet d'un grand seigneur ! il a pour lui tous les plaisirs qui coûtent si cher à son maître. Par exemple, M. de Créqui a-t-il une petite maison à deux pas de Paris, où il passe les plus délicieuses soirées en la compagnie du beau sexe ! Eh bien! moi, Michon, son très humble serviteur, j'ai aussi ma petite maison, où j'attends aujourd'hui même, vu que monsieur n'y est pas, une jeune fille qui s'est avisée de me donner dans l'œil, et à qui j'ai préparé le plus joli souper. (Ici, l'on entend frapper très fort.) Hein ?.. (Ecoutant.) On frappe, Dieu me pardonne ! Qui peut venir à cette heure ? Serait-ce mon maître ?... Avec ce diable d'homme, on ne sait jamais sur quoi compter... Il est capable... (Regardant à la fenêtre.) Là !.. justement, c'est lui ! je suis joli garçon avec mon petit souper ! vous verrez que c'est lui qui le mangera.

SCÈNE II.
LE MÊME, CRÉQUI, LA MARQUISE, un masque à la main.

CRÉQUI, donnant la main à la Marquise.

Par ici, madame, par ici !

MICHON, à part, regardant la marquise.

Encore une nouvelle ! Comme il en change !

LA MARQUISE, qui a quitté sa mante et déposé son masque sur la petite table près du sofa.

Pourrais-je savoir, M. le comte, le motif qui vous engage à faire halte si près de Paris, quand il était convenu que nous ne nous arrêterions qu'à votre château.

CRÉQUI, avec embarras.

Permettez-moi d'abord de donner des ordres. (A Michon.) Qu'on nous serve !

(Il lui donne son manteau.)

MICHON, à part.

C'est ça, mon souper ! Qu'est-ce que je disais tout à l'heure ? (Haut.) Oui, monseigneur. (A part.) En voilà un heureux mortel !   (Il sort.)

SCÈNE III.
LA MARQUISE, CRÉQUI.

LA MARQUISE.

Maintenant M. le comte peut-il me dire ?..

CRÉQUI.

Pardon, ma chère Gabrielle, de ne vous avoir pas encore répondu. Sachez donc que si j'ai quitté aussi brusquement la route que nous suivions, c'est que j'ai aperçu au loin des gens qui m'ont semblé vouloir marcher encore plus vite que nous.

LA MARQUISE.

Dans quel but? pour quel motif?

CRÉQUI, avec insouciance

Mais, d'abord, celui de nous rejoindre; et puis, peut-être bien après... celui de m'arrêter.

LA MARQUISE.

Vous arrêter ! Qu'avez-vous donc fait ?

CRÉQUI.

Vous allez tout savoir, Gabrielle; mais avant, ah ! jurez-moi que mon aveu sincère ne changera rien à vos sentimens pour moi.

LA MARQUISE.

Pouvez-vous le craindre, monsieur? ma main n'est-elle pas le prix du généreux sacrifice que vous m'avez fait ?

CRÉQUI.

Eh ! c'est justement là ce qui m'inquiète...

LA MARQUISE.

Comment ?

CRÉQUI.

Si ce sacrifice n'avait pas eu lieu; s'il n'avait plus été en mon pouvoir de céder à votre prière ?..

LA MARQUISE.

Je ne vous comprends pas.

CRÉQUI.

Si, lorsque vous avez voulu empêcher mon duel avec celui... qui est maintenant mon meilleur ami.

LA MARQUISE.

Eh bien !

CRÉQUI.

Vous l'aviez tenté trop tard; si ce duel, enfin, avait eu lieu ?..

LA MARQUISE.

Ciel !

CRÉQUI.

Croiriez-vous me devoir encore quelque chose?

LA MARQUISE.

Ah ! M. de Créqui... c'est affreux ! Et votre adversaire... vous l'avez blessé peut-être ?..

CRÉQUI.

Calmez-vous, madame... (A part.) Ne lui disons pas la vérité... pour ne pas l'effrayer. (Haut.) Un poète heureux duelliste, voilà de ces choses rares ; cependant cela se voit... la preuve, c'est qu'Olivier se porte à merveille.

LA MARQUISE, avec joie.

Ah !

CRÉQUI.

Tandis que moi...

LA MARQUISE, vivement.

Vous seriez blessé ?..

CRÉQUI.

Oh ! ce n'est rien... absolument rien... un coup de plume... Mais, vous le savez, vainqueur ou vaincu, la loi n'épargne personne ; malheur à celui qui se laisse arrêter !

LA MARQUISE.

Mais alors, votre adversaire ?.

CRÉQUI.

Soyez sans crainte; j'ai songé à sa sûreté avant de m'occuper de la mienne... et l'ai forcé à prendre mon propre cheval... Maintenant, ils voyagent de compagnie... et que Dieu les guide !

LA MARQUISE, lui tendant la main.

Bien, monsieur le comte, bien !.. je tiendrai ma parole.

SCÈNE IV.

LES MÊMES, MICHON, UN VALET. Ils apportent une table toute servie, et la posent à droite.

MICHON.

Monseigneur est servi.

CRÉQUI.

Allons, madame, à table ! (Il lui présente la main et la conduit à table. A Michon.) Maintenant, qu'on nous laisse !

MICHON qui, en prenant une chaise pour la placer, a regardé par la fenêtre, bas et avec mystère.

C'est que...

CRÉQUI.

Allons, parle tout haut.

MICHON.

C'est qu'on aperçoit, sur la route, des cavaliers qui ont l'air de venir tout droit ici.

CRÉQUI, se levant.

Tu en es sûr ?..

MICHON.

Tenez, monsieur le comte, regardez vous-même ; vous les reconnaîtrez peut-être...

CRÉQUI, qui a été à la fenêtre.

Oui, oui, en effet... ce sont eux.

LA MARQUISE, bas.

Les gens qui vous poursuivent, monsieur?

CRÉQUI.

Justement.

MICHON.

J'ai pensé que c'étaient des amis, et je voulais seulement savoir si M. le comte les recevra.

CRÉQUI.

Les recevoir ! ce serait de grand cœur, mais d'une certaine manière qui n'est pas à ma disposition aujourd'hui.

LA MARQUISE, à Créqui.

Il y a peut-être encore moyen de leur échapper.

CRÉQUI.

Certainement; mais les misérables tiennent le seul chemin praticable pour une chaise; par l'autre, à peine si un cheval peut passer.

LA MARQUISE.

Eh bien ! monsieur le comte, il faut le prendre.

CRÉQUI.

Fuir ! vous quitter ! partir sans vous...

LA MARQUISE.

Dès demain, j'irai vous rejoindre.

CRÉQUI.

Ah ! si vous saviez ce qu'il m'en coûte.

LA MARQUISE.

Je vous en conjure.

CRÉQUI.

Allons, puisque vous le voulez. (Bas à Michon.) Les plus grands égards pour cette dame, et surtout pas un mot qui lui fasse soupçonner une seule de mes folies passées.

(Il va prendre son épée et son manteau.)

LA MARQUISE, à Michon.

Vous, mon ami, ne perdez pas une minute pour hâter le départ de M. le comte.

CRÉQUI, se rapprochant.

A bientôt, madame. (Il lui baise la main. A Michon en sortant.) Qu'on m'attende, si je parviens à mettre les coquins en défaut, je reviendrai.

(Ils sortent.)

SCÈNE V.
LA MARQUISE, seule.

Je ne sais comment expliquer ce que j'éprouve, je suis presqu'heureuse de le voir s'éloigner, moi qui donnerais tout au monde pour son bonheur !.. tout, excepté ce que je lui ai promis trop légèrement, peut-être... Ah ! si je n'avais pas cru empêcher ce duel !.. n'importe, il s'est conduit noblement avec son adversaire et il m'aime lui !.. tandis... (On frappe à la porte.) Ah ! mon Dieu ! que vient-on m'annoncer ?

SCÈNE VI.
LA MARQUISE, MICHON.

MICHON, entrant.

Pardon, madame.

LA MARQUISE.

Eh bien ! M. le comte ?..

MICHON.

Parti, madame, parti ! sans le moindre obstacle.

LA MARQUISE.

Et les gens qui le poursuivent ?

MICHON.

Comme je me préparais à leur ouvrir, ils ont brusquement changé de route ; ainsi, nous n'avons plus à craindre leur visite.

LA MARQUISE.

Dieu soit loué !

MICHON, indiquant la table du souper.

Madame ne désire plus rien ?

LA MARQUISE.

Non, mon ami, que tout soit prêt demain au point du jour pour mon départ.

MICHON.

Il suffit, madame. (Emportant la table.) Mon souper l'a échappé belle !

SCÈNE VII.
LA MARQUISE, seule, allant s'asseoir sur le sofa.

Oui, j'irai le rejoindre... il le faut... je le dois... mais comment échapper à un souvenir ?.. (Prenant sur la table un livre qu'elle ouvre.) Poésies de M. Olivier Gombault !.. Il est donc écrit que tout me le rappellera. (Elle jette le livre qui tombe à terre, en prend un autre, et trouve dessous une lettre.) Ah ! l'écriture de M. de Créqui ! (Lisant la suscription.) Aux plus beaux cheveux blonds de la terre... Il me semble que je suis brune !.. voilà qui pique vivement ma curiosité... voyons la date... D'avant-hier !.. le jour qu'il me jurait de se tuer si je ne lui donnais pas un peu d'espoir... Et que dit-il à cette belle ?.. juste la même chose qu'à moi... Je croyais du moins inspirer un amour original, et ce n'était qu'une copie... c'est très flatteur !.. (Elle froisse la lettre et va pour la brûler.) Qu'allais-je faire ?.. Je ne brûlerai pas cette lettre. Oh non !.. car elle me dégage d'un serment que j'aurais eu tant de peine à tenir... Oh ! combien je me sens soulagée !.. cette lampe commence à baisser... Tâchons de goûter quelque repos. (Elle éteint la lampe et s'endort sur une musique en sourdine.)

SCÈNE VIII.
LA MARQUISE, GOMBAULT.

GOMBAULT, entrant une lanterne à la main.

Ma foi, l'aventure est piquante... et je veux en connaître la fin !.. Diable de cheval de Créqui, va !.. c'est bien la bête la plus originale ! Où m'at-il conduit ?.. Jusqu'à ce moment, je n'ai trouvé sur mon passage qu'un grand escogriffe de laquais tout endormi et qui semblait planté là, tout exprès, à l'entrée de la maison, avec une lanterne que voici... Je prends la lanterne... je fais comme le cheval, je marche devant moi... c'est-à-dire le cheval va droit à l'écurie... moi, je monte un perron... j'ouvre une porte et j'arrive... (Il dépose la lanterne et s'assied.) Dans quels lieux ?.. je n'en sais rien. Combien de temps a duré mon voyage, quels chemins a parcourus mon intelligent coursier ?.. Je ne le sais pas davantage... Que faire maintenant ?.. il est sûr qu'on attendait quelqu'un à ma place... Créqui peut-être... Tant mieux !.. les amis de nos amis sont nos amis... Après tout, je ne suis pas un voleur... assurément on ne me refuserait pas la faveur de me reposer ici jusqu'à demain matin, et au lieu d'aller déranger ou effrayer des gens qui sont sans doute profondément endormis, il vaut bien mieux que je m'arrange de cette chambre, qui ne me paraît pas habitée, quitte à faire demain des excuses... (Se levant.) Voyons un peu le gîte que je me suis... ou plutôt que le cheval de Créqui m'a choisi... Très bien, très bien... je n'aurais pas mieux fait !.. S'il pouvait y avoir un lit ! je tombe de fatigue. (Apercevant le sofa.) Un sofa !.. pour le coup, c'est du bonheur !.. Mais que vois-je ?.. (Il dirige la lanterne.) Dieu me pardonne ! il est occupé... (Il approche.) Par une femme !.. endormie !.. c'est que cette pose-là n'est pas mal... bien sûr elle est jolie... Maudit voile qui me cache sa figure ! Si j'osais... le soulever ?.. mais non, ce serait mal... respectons l'hospitalité qu'elle me donne un peu malgré elle, par exemple !.. Bonne nuit, je vous souhaite... belle dame.

Air : O vierge sainte en qui j'ai foi. (FRA-DIAVOLO.)

Dormez, dormez, point de frayeurs,
Je vais, pour moi, chercher ailleurs ;
Bonsoir, bonsoir, ange divin !
A demain.

(Il va pour s'éloigner, rencontrant sous ses pieds le livre que la Marquise a laissé tomber.)

Ah !.. un livre !.. (Le ramassant.) mes œuvres !.. Cette femme me lisait !.. mais c'est fort aimable de sa part, et j'ai bien envie de l'en remercier... Comment donc ?.. une femme qui vous lit... mais c'est presque un cœur qui vous aime... Sortons ; dans ma reconnaissance, je ne répondrais pas... (Faisant tomber une chaise.) Maladroit que je suis !

LA MARQUISE, se réveillant.

Qui est là ? qui est là ?

GOMBAULT, à part.

La voilà réveillée !

LA MARQUISE.

Est-ce vous, M. de Créqui ?

GOMBAULT, à part.

Créqui ? c'est bien lui qu'on attendait !..

LA MARQUISE.

Qu'est-il arrivé?

GOMBAULT, à part.

Mais je connais cette voix!..

LA MARQUISE.

Pourquoi revenez-vous?

GOMBAULT, à part.

Oh! il faut absolument que je sache...

LA MARQUISE.

Mais répondez donc, répondez donc, monsieur...

GAMBAULT, à part.

C'est là le difficile... (Haut.) Hélas! madame,
je ne suis pas celui que vous croyez...

LA MARQUISE, se cachant avec le rideau, à part.

Ciel! Olivier!

GOMBAULT.

Mais si je n'ai pas cet inestimable bonheur, je
ne suis pas du moins ce que vous paraissez craindre en ce moment.

LA MARQUISE, à elle-même.

Lui, ici! quel motif?.. Nous aurait-il suivis?
m'aurait-il reconnue?

GOMBAULT.

Car, madame, je vous le jure, c'est sans pré-
méditation, sans aucune intention coupable,
malgré moi, enfin...

LA MARQUISE.

Malgré vous!.. Et qui donc a pu vous forcer à
vous introduire la nuit, par surprise?..

GOMBAULT.

Mon Dieu! un guide bien inattendu, bien peu
ordinaire, madame... c'est... c'est mon cheval!

LA MARQUISE.

Votre cheval!

GOMBAULT.

Cela vous paraît bizarre, incroyable?.. à moi
aussi... et pourtant cela est. Oui, mon cheval,
ou plutôt celui qu'on m'a prêté... qui, profitant
de mon sommeil, sans s'inquiéter si son cavalier
d'aujourd'hui était bien son cavalier de la veille...

LA MARQUISE, à elle-même.

Il se pourrait!..

GOMBAULT.

S'est permis de venir réclamer la généreuse
hospitalité dont il avait contracté sans doute une
douce habitude.

LA MARQUISE, à part.

En conduisant M. de Créqui vers ses mysté-
rieuses amours.

GOMBAULT.

Faveur que je n'aurais jamais eu la témérité
de solliciter pour moi-même.

LA MARQUISE.

Aussi, avez-vous pris sans demander.

GOMBAULT.

Que voulez-vous, madame; les portes s'ouvrent devant moi comme par enchantement, les
laquais me livrent passage...

LA MARQUISE, à part.

Ils auront cru que c'était leur maître.

GOMBAULT.

Quand on a un peu d'imagination... le moyen
de résister au charme, à l'imprévu de la situa-
tion... Il me semblait que l'animal maudit... que
je bénirai toute ma vie, avait une espèce d'in-
spiration... de seconde vue... Et je ne me suis pas
trompé.

LA MARQUISE.

Ainsi, monsieur, au lieu de vous repentir d'a-
voir troublé mon repos... de m'avoir compro-
mise, peut-être...

GOMBAULT.

Vous compromettre!.. Ah! dites un mot, madame, et je me retire à l'instant.

LA MARQUISE, à part.

Ciel! lui aussi n'est-il pas poursuivi, menacé!..
S'il allait rencontrer les gens qui cherchent M. de
Créqui... (Haut.) Non, non, monsieur, vous ne
devez, vous ne pouvez pas encore partir.

GOMBAULT, à part.

On me retient!.. Oh! mais c'est très bon signe. (Haut.) Mon cœur ne m'avait pas trompé,
madame, vous êtes aussi bonne que jolie, et ma
reconnaissance... (Il fait un pas vers le sofa.)

LA MARQUISE.

Arrêtez, monsieur... Je vous permets de rester... je vous l'ordonne, même...

GOMBAULT.

Vous me l'ordonnez!

LA MARQUISE.

Mais à une condition?..

GOMBAULT.

Oh! dix! madame, cent, mille, si vous voulez!

LA MARQUISE.

C'est que tant que vous serez ici, vous vous
mettrez à ma discrétion, promettant d'obéir...

GOMBAULT.

Aveuglément, madame; mais n'abandonnerez-
vous pas cette cruelle réserve, ne pourrai-je enfin vous voir?

LA MARQUISE, vivement.

Oh! cela est impossible!

GOMBAULT, à part.

Diable! je ne suis pas aussi avancé que je le
croyais. (Haut.) Impossible!.. c'est ce que vous
exigez qui est impossible!.. Mais oui, vous avez
raison, ne m'accordez pas tous les biens à la fois...
Et! tenez, il me vient une excellente idée... permettez que j'approche un peu...

LA MARQUISE.

Mais non, monsieur, mais non.

GOMBAULT.

Ne craignez rien, madame, je ne demande
plus à vous voir... c'est pour vous faire passer
des armes contre moi... un masque que je vois
là... (Il va le prendre sur la petite table près du sofa.)
Je vous en prie, prenez-le, et que ce soit du
moins la seule barrière qui reste entre nous. (Il
le pique au bout de son épée.) Oh!.. je ne regar-
derai pas... je vais vous le présenter à distance
respectueuse. (Les rideaux s'entr'ouvrent légèrement; après avoir donné le masque, retirant son
épée, à part.) Il paraît qu'on accepte mes proposi-
tions de paix. Maintenant, malgré son masque, il
faudra bien que je sache qui elle est.

LA MARQUISE, sortant de derrière les rideaux, masquée, et passant devant lui.

Eh bien! monsieur, me voilà!

GOMBAULT, à part, l'examinant.

Que vois-je!.. Cette taille... cette tournure...
(Haut, s'approchant.) Ah! madame, que de bon-
tés!...

LA MARQUISE.

J'espère que vous vous en rendrez digne.

GOMBAULT, à part.

Plus je la regarde, plus il me semble... Mais non c'est impossible... n'ai-je pas vu Créqui partir avec Mme de Navailles... Cependant...

LA MARQUISE, à part.

Comme il m'examine !.. (Prenant un fauteuil, à Gombault.) Asseyez-vous, monsieur...

GOMBAULT.

Oh ! madame, je serais bien mieux à vos genoux !

LA MARQUISE.

Je ne vous permets que de vous asseoir... Mettez-vous là... et causons un peu... de votre départ.

GOMBAULT, s'asseyant.

Déjà !

LA MARQUISE.

D'abord, il aura lieu quand je voudrai... comme je voudrai... avec toutes les précautions que je croirai nécessaire à votre sûreté... et à la mienne ; sans observation, sans résistance, et vous engageant à garder le plus profond secret sur votre visite en ces lieux.

GOMBAULT.

Il me serait assez difficile de le trahir ; j'ignore où je suis ? qui vous êtes ?

LA MARQUISE.

Enfin, vous allez me jurer de ne faire jamais aucune tentative pour me revoir.

GOMBAULT.

Avant de vous avoir vue ?

LA MARQUISE.

Vous hésitez ?

GOMBAULT, se levant.

Au contraire... je jure désormais de ne pas vivre un jour, une heure, une minute sans chercher les moyens de me rapprocher de vous.

LA MARQUISE.

Après vos promesses de tout à l'heure ?

GOMBAULT, se rasseyant.

J'ai promis de vous obéir tant que je serai ici... (Avec prière.) Ne me renvoyez pas...

LA MARQUISE.

Et qu'espérez-vous d'une pareille obstination ?

GOMBAULT.

La fin des maux qui, pour moi, vont commencer demain ; car, à présent, votre souvenir me poursuivra partout...

LA MARQUISE.

Ah ! c'est trop fort ! Tenez, regardez, monsieur, ces tablettes que vous destiniez à la reine !

(Elle les lui donne.)

GOMBAULT.

La reine ?

LA MARQUISE.

Oui, la reine ! Je sais votre passion, vos espérances...

GOMBAULT.

Moi ! l'aimer autrement que comme un sujet respectueux !.. On vous a trompée, madame ; ces vers ne sont pas pour elle.

(Il lui rend les tablettes.)

LA MARQUISE.

Mais quand vous diriez vrai, ils ne sont pas non plus pour moi, apparemment.

GOMBAULT.

Mon Dieu !.. je n'en sais rien.

LA MARQUISE.

Voilà qui devient curieux, par exemple !

GOMBAULT.

Ces vers m'ont été inspirés par une femme qui m'est apparue il y a six mois, en Auvergne, comme on rêve les anges !..

LA MARQUISE, à part, avec joie.

Il ne m'avait point oubliée !

GOMBAULT.

Et dont le souvenir remplissait mon âme, sans partage, lorsqu'hier... dans les salons du Louvre...

LA MARQUISE.

Hier !

GOMBAULT.

J'ai éprouvé les mêmes transports ; la même émotion, en apercevant...

LA MARQUISE.

Qui donc, Monsieur ?

GOMBAULT.

La Marquise de Navailles.

LA MARQUISE, à part.

Il m'aimerait !

GOMBAULT.

Et depuis ce moment, j'ai senti que mon inconnue allait avoir une rivale qu'aucune autre femme ne pourait plus me faire oublier

LA MARQUISE, gaîment.

Ah ça ! Monsieur !... et moi ?

GOMBAULT.

Vous Madame !.. ah ! ne vous offensez pas d'un tel aveu...

LA MARQUISE.

Je n'en ai pas envie, je vous jure

GOMBAULT.

Eh bien ! il me semble que mon inconnue et cette belle Marquise se sont réunies, changées en une seule personne ; et que cette personne... c'est vous !

LA MARQUISE, à part, troublée.

Oh ! mon dieu !.. il me reconnaît ! (Se remettant, haut.) Ah ! ah ! ah ! voilà qui est admirable, et tout-à-fait ingénieux pour devenir tous les jours infidèle, sans pouvoir être accusé d'inconstance.. et si mes deux rivales allaient tout-à-coup paraître à mes côtés.. comment feriez-vous, Monsieur ?

GOMBAULT.

Sans m'inquiéter d'un choix impossible ; je vous disputerais toutes au monde entier, à M. de Créqui lui-même, malgré les droits que vous pouvez lui avoir donnés, dût-il cette fois, au lieu de mon bras, percer mille fois mon cœur.

LA MARQUISE, vivement.

Quoi, Monsieur ! c'est vous... vous avez été blessé par M. de Créqui ?

GOMBAULT.

C'est le plus grand service qu'il ait pu me rendre...

LA MARQUISE, à part.

Ah ! ce dernier mensonge est impardonnable.

GOMBAULT.

Sans ce bienheureux duel, le sort ne m'aurait peut-être jamais rapproché de vous... et je suis là comme un frère, un ami, je puis vous jurer à genoux de mériter votre confiance, vous supplier de me l'accorder tout entière.

(Il se met à ses genoux).

LA MARQUISE, émue, à part.

Oh ! qu'il parte !.. je finirais par me trahir.

GOMBAULT, à genoux.

Ah ! Madame !..

LA MARQUISE.

Relevez-vous, Monsieur, relevez-vous... je n'ai plus qu'un ordre à vous donner... une grace... une seule à vous demander... éloignez-vous... partez... Mme de Navailles vous en remerciera un jour.

GOMBAULT, tristement.

Vous me renvoyez !

LA MARQUISE.

Il le faut.

GOMBAULT.

Ah ! dites-moi du moins que ce n'est pas la dernière fois...

LA MARQUISE.

Je ne promets rien, monsieur ; n'oubliez pas que votre soumission doit être entière.

GOMBAULT.

Mais non sans espérance !..

LA MARQUISE.

Je vais donner des ordres pour votre départ... allez les attendre.

GOMBAULT, saluant.

J'obéis, madame.

LA MARQUISE.

Adieu ; soyez fidèle à Mme de Navailles.

GOMBAULT.

Comme à vous ! (Il fait quelques pas vers la porte, s'arrêtant tout à coup et prêtant l'oreille.) Ah ! voilà qui est étrange !..

LA MARQUISE.

Qu'avez-vous donc, monsieur ?

GOMBAULT.

Il m'a semblé...

Air : C'est en dehors, c'est à la grande porte. (Fra Diavolo.)

C'est en dehors, oui, c'est à votre porte
Qu'on frappe en ce moment.

LA MARQUISE, courant à la fenêtre.

Ah ! mon Dieu ! des soldats, de frayeur je suis morte !
C'est pour vous, sûrement.

CHOEUR, en dehors.

De nous ouvrir que l'on s'empresse,
Ouvrez, ouvrez, au nom du roi ;
Et promptement, point de paresse,
Obéissez de par la loi.
Obéissez de par la loi.

(Gombault fait un pas pour sortir.)

LA MARQUISE.

Restez !

GOMBAULT.

Mais c'est la seule chance
De vous éviter leur présence.

LA MARQUISE, écoutant.

L'on ouvre... l'on vient... où vous cacher ?

L, là, monsieur.   (Elle désigne les rideaux du sofa.)

GOMBAULT.

Mais s'ils osent chercher,
Si je suis découvert ! c'est vous perdre !

LA MARQUISE.

Eh qu'importe !
L'espoir de vous sauver l'emporte.

Pendant la reprise du chœur, il prend son manteau et son chapeau et se cache derrière les rideaux du sofa pendant que la Marquise se dirige vers la porte où l'on frappe violemment.)

FIN DU PREMIER ACTE.

ACTE II.

Chez Mme de Caylus. — Riche salon ; trois portes au fond ; à droite, porte en tapisserie ; à gauche, fenêtre avec le même ornement. Fauteuils.

SCÉNE I.

LA MARQUISE, puis Mme DE CAYLUS..

LA MARQUISE entrant, à un valet.

Annoncez à Mme de Caylus la marquise de Navailles. (Le valet sort.) Me voilà donc à Paris, après un si long temps passé sans oser y reparaître, sans oser me retrouver devant lui !

Air : Une fée, un bon ange. (Domino noir.)

De son indifférence,
J'avais tant de frayeur !
Mais aujourd'hui, dût sa présence
M'ôter ma dernière espérance,
A lui je me présenterai,
Et dans son âme je lirai.
Oui, j'y suis résolue ;
Mon sort doit s'éclaircir.
Si la vérité tue,
Le doute fait mourir.

Mme DE CAYLUS, accourant.

Mme de Navailles ici ! (Elle l'embrasse.) Chère Gabrielle ! Mais dites-moi donc la cause d'une si longue absence, quand chacun croyait vous revoir et vous saluer comtesse de Créqui ?

LA MARQUISE.

C'est justement à porter ce nom que je n'ai jamais pu me résoudre. Malheureuse d'une promesse formelle faite à M. de Créqui, honteuse d'y manquer, je suis allée me cacher près d'une vieille parente, au fond de la province, afin de me faire oublier.

Mme DE CAYLUS.

Vous saviez bien que vous ne réussiriez pas...

LA MARQUISE.

Mais dites-moi donc des nouvelles de nos amis... et d'abord... de l'adversaire de M. de Créqui ?

Mme DE CAYLUS.

De notre cher poète ? Volontiers.. Après avoir sollicité et obtenu la grâce du comte et la sienne, pour leur duel sans motif... lui aussi avait disparu... comme vous, ma chère, et à peu près à la même époque.

LA MARQUISE.

Ah !... Et sait-on pourquoi ?

Mme DE CAYLUS.

Pas précisément. Les avis étaient partagés, lorsqu'il y a quinze jours, je l'ai retrouvé au cercle de la reine.

LA MARQUISE.

Et toujours aussi distrait, aussi préoccupé qu'à l'ordinaire?

Mᵐᵉ DE CAYLUS.

Non pas... une métamorphose complète s'était opérée en lui. Il allait au-devant de toutes les dames, leur parlait avec le plus vif empressement, les démonstrations les plus tendres... et les examinait, comme s'il avait voulu connaître leurs plus secrètes pensées... ou faire leur portrait.

LA MARQUISE, avec inquiétude.

En vérité?.. Et puis?

Mᵐᵉ DE CAYLUS.

Ça vous étonne, n'est-ce pas? chacun aussi s'imaginait que le rêveur s'était enfin décidé à être de ce monde, quand, tout-à-coup, il est retombé dans sa tristesse et dans sa préoccupation.

LA MARQUISE, avec joie.

Voilà qui est singulier... Et vous ne l'avez plus revu à la cour?

Mᵐᵉ DE CAYLUS.

Nulle part. Le capricieux refuse toutes les invitations, même celles de la reine; mais aujourd'hui, par exemple, c'est tout différent; il se hâtera de se rendre à la mienne.

LA MARQUISE, vivement.

Il vous l'a promis?

Mᵐᵉ DE CAYLUS.

Non; c'est moi qui me le suis promis, et je me tiens assez volontiers parole.

LA MARQUISE.

Comment pouvez-vous être sûre?..

Mᵐᵉ DE CAYLUS.

Restez à mon bal, et vous le saurez

LA MARQUISE.

Dans ce costume?

Mᵐᵉ DE CAYLUS.

N'est-ce que cela? Je vais donner des ordres, et, dans dix minutes rien ne manquera à votre toilette. Acceptez-vous?..

LA MARQUISE.

Je suis trop curieuse pour vous refuser.

Mᵐᵉ DE CAYLUS.

C'est bien... je suis à vous...   (Elle sort.)

SCÈNE II.

LA MARQUISE, seule.

Qui rend donc Mᵐᵉ de Caylus si certaine d'attirer Olivier chez elle?.. Maintenant, je désire presque qu'il ne vienne pas... (Regardant à droite.) Ah! mon Dieu! cette personne qui s'avance avec M. Nogaret... c'est lui!.. Oh! je ne veux pas encore le voir... je ne m'en sens pas le courage. (Elle sort vivement par la porte de gauche, au fond.)

SCÈNE III.

NOGARET, GOMBAULT.

NOGARET, entrant en causant avec Gombault par le fond.

Ainsi donc, tu as été heureux?

GOMBAULT, avec un soupir.

Le plus heureux des hommes, mon ami!... mais quelques heures, rien que quelques heures... Et puis la vision s'est envolée!

NOGARET.

La vision, la vision... C'était une femme, je pense, et elles ont beau être légères, elles ne s'envolent pas comme cela!.. Voyons comment se nomme ta belle maîtresse? où l'as-tu connue?

GOMBAULT.

Je n'en sais rien.

NOGARET.

Comment! tu ne sais pas où tu as été le plus heureux des hommes?

GOMBAULT.

Tout ce que je puis te dire... c'est que, le lendemain avant l'aube, ma ravissante hôtesse avait disparu... qu'un grand laquais sans livrée me fit monter poliment dans un carrosse aux stores soigneusement baissés, s'assit en face de moi en me demandant humblement excuse de la liberté qu'il prenait, me prévint, en sortant, de dessous son manteau, un énorme pistolet, qu'il avait ordre, à la moindre tentative faite par moi pour reconnaître la route que nous allions prendre, de me brûler la cervelle, et me ramena ainsi jusque chez moi, sans autre conversation, accompagné du cher coursier auquel j'avais dû mon bonheur, et qu'il avait eu soin d'attacher derrière la voiture.

NOGARET.

Mais c'est un vrai roman, que toute cette histoire! et un roman d'autant plus délicieux, que, je le devine, c'est un tour charmant que tu as joué à Créqui, sans t'en douter.

GOMBAULT.

Comment!

NOGARET.

Où diable veux-tu que son cheval t'ait conduit, si ce n'est auprès d'une de ses maîtresses?... Ah! M. de Créqui, vous qui prétendez que Mᵐᵉ de Caylus se moque de moi... ah! ah! ah! j'en rirai long-temps, et je donnerais tout au monde pour savoir quelle est cette belle dame... Donne-moi vite son signalement... petite? grande?..

GOMBAULT.

Petite.

NOGARET.

Brune? blonde?

GOMBAULT.

Brune.

NOGARET.

Maintenant, sa figure?

GOMBAULT.

Plains-moi, mon ami; je ne l'ai vue que masquée, et, lorsqu'elle cessa de l'être...

NOGARET.

La lampe s'était éteinte... Mais c'est charmant! c'est divin! quelle ravissante ballade! Tu es un heureux mortel.

GOMBAULT.

C'est-à-dire, je fus heureux! mais j'ai payé cher mon bonheur! Depuis ce moment, depuis six mois, pas le moindre souvenir!... Et cependant... non, non, ce n'était pas ce que tu t'imagines... Cette femme n'en aimait pas un autre; non, j'en suis sûr, je l'ai deviné, je l'ai compris, ce n'était point un caprice. J'étais rêvé! j'étais attendu... j'étais aimé par elle!

NOGARET.

Ah! tu as compris cela, toi? En effet, la réception... était assez significative. Mais que diable, elle ne peut pas être perdue, et, en cherchant bien...

GOMBAULT.

Pour la trouver, j'ai parcouru Paris, ses promenades, ses églises, sa campagne... J'ai visité toute la France... Rien, toujours rien!.. Enfin, revenu ici, il y a quinze jours, en me présentant au cercle de la reine, une idée subite m'a saisi... Elle est là, peut-être, me dis-je, qui me voit, qui m'entend... Eh bien!.. osons une tentative désespérée!.. Et soudain, sur une marque d'intérêt que m'attirait ma tristesse, je me mis à raconter mon aventure, en attachant sur toutes ces figures de femmes, attentives et curieuses, des regards qui descendaient jusqu'au fond de leurs âmes.

NOGARET.

Eh bien?..

GOMBAULT.

Eh bien!.. pas une n'a changé de visage, pas une ne s'est émue!

NOGARET.

Qu'est-ce que cela prouve?

GOMBAULT.

Eh! ne vois-tu pas, que si elle a pu supporter cette épreuve sans se trahir, c'est que son amour n'existe déjà plus...

NOGARET.

Écoute donc, l'aventure a six mois de date!

GOMBAULT.

J'allais sortir désespéré, et cherchais à me faire jour à travers l'essaim de ces mille beautés, lorsqu'une voix, à mon oreille, fit entendre ces mots : « Vous êtes un indiscret et un infâme ! »

NOGARET.

Tu vois bien!

GOMBAULT.

Je me retourne... dix femmes, à quelques pas de moi, causaient entre elles en poussant des éclats de rire et semblaient déjà m'avoir complètement oublié!

NOGARET.

Ruse de guerre de ta belle inconnue, qui, pour te punir de ton indiscrétion, a voulu t'intriguer et rester dans l'ombre!

GOMBAULT.

C'est l'idée qui me serait venue, si, ce matin, je n'avais pas reçu ce billet... Tiens, regarde!..

NOGARET, lisant.

« Ce soir, chez Mme de Caylus! » (Parlant.) Comment, tu as dans ta poche des mots si clairs! un rendez-vous si positif! et tu n'es pas ravi? transporté?.. Mais tu vas la voir, mon ami! tous tes vœux vont être comblés!

GOMBAULT.

Ah! depuis plus d'une heure que j'attends en vain, je commence à croire qu'on s'est moqué de moi.

NOGARET.

Laisse donc... un peu de patience... tu as un rendez-vous, on y viendra... Mais j'entends le piétinement d'un cheval dans la cour... Qu'est-ce qui nous arrive là? (Il va regarder à la fenêtre.) Eh! c'est l'illustre comte de Créqui.

GOMBAULT, regardant aussi.

Oui; et la même jument qu'il me prêta, il y a six mois... Mais quelle idée!.. Oh! mon ami, je suis sauvé!

NOGARET.

Quel transport!.. Pauvre garçon, si tu n'y prends garde, l'amour finira par te faire perdre la tête.

SCÈNE IV.

LES MÊMES, CRÉQUI.

CRÉQUI, entrant.

Messieurs... Eh! c'est ce cher Olivier!..

GOMBAULT, allant à lui.

Lui-même, monsieur le comte. Heureux! bien heureux de vous revoir! Votre présence porte le bonheur avec elle...

CRÉQUI.

Ce n'est pas, je pense, lorsqu'elle t'a valu un coup d'épée?

GOMBAULT.

Au contraire, monsieur le comte, et c'est un nouveau service que j'ai à vous demander...

CRÉQUI.

Du même genre? rien de plus facile. Justement je vais faire un tour à l'armée de M. de Montmorency. Veux-tu que je t'emmène?

GOMBAULT.

Comment! monsieur le comte, quand tout ici devrait vous retenir...

CRÉQUI.

Ah! oui, oui... tu veux parler de mon mariage avec Mme de Navailles... mais il est ajourné.

GOMBAULT.

Il se pourrait!

CRÉQUI.

Oui... un motif de délicatesse... un procès d'où dépend une partie de ma fortune... moi-même, j'ai désiré... Tel que tu me vois, je passe tout mon temps à visiter mes juges et à parcourir, souvent jusqu'à trois fois dans un seul jour, le trajet qui me sépare du plus ennuyeux des robins... le digne avocat Martel. Tu le connais, toi, vicomte? (Ici Gombault va regarder à la fenêtre.)

NOGARET.

Oui, oui... beaucoup trop.

CRÉQUI.

Mais c'est fini, je n'y retourne plus. Je prends mes vacances.

NOGARET.

Et tu vas te faire tuer...

CRÉQUI, riant.

Pour me désennuyer un peu. Et puis, peut-être bien aussi par raison d'économie.

GOMBAULT, qui est revenu de la fenêtre.

Quoi! vraiment, monsieur le comte, vos finances?..

CRÉQUI.

A sec, mon ami.

GOMBAULT.

Quel bonheur! je pourrai donc...

CRÉQUI.

Me prêter de l'argent? mais ce n'est pas de refus.

GOMBAULT.

Vous prêter, monseigneur?.. Non, j'aimerais mieux... un échange!

CRÉQUI.
Un échange !.. et lequel !
GOMBAULT.
Votre cheval, celui qui vient de vous amener
ici, contre... le prix de mes œuvres !
CRÉQUI.
Ma jument noire !
NOGARET, à part.
Oh ! le scélérat ! je comprends son idée !
CRÉQUI.
Tu veux ma jument noire ?
GOMBAULT.
Oui, monseigneur. Me la refuserez-vous !
CRÉQUI.
Certainement que je te la refuse !
GOMBAULT.
Vous tenez donc bien à cet animal ?
CRÉQUI.
C'est-à-dire, j'y tenais ; car, maintenant, je ne
tiens qu'à ne pas te laisser faire un déplorable
marché.

NOGARET, à Créqui.
Qu'est-ce que ça te fait ; puisque ça lui con-
vient ?

CRÉQUI, à Gombault.
Le prix de tes œuvres pour ma jument ! pauvre ami, comme tu placerais le fruit de tes veil-
les !..

GOMBAULT.
Quoi ! c'est la crainte que je ne sois dupe ?
CRÉQUI.
Certainement ! Que diable, me prends-tu pour
un maquignon ? Apprends donc que pas plus
tard que tout à l'heure, en arrivant ici, je l'ai
forcée, fourbue, en un mot, que c'est une bête
perdue.

GOMBAULT.
C'est là votre motif pour me refuser ? ah ! je
suis trop heureux ! Elle est perdue pour vous,
c'est possible, habitué aux allures brillantes ;
mais pour moi, pauvre poète, quand elle n'irait
qu'au pas... même en boîtant... c'est tout ce qu'il
me faut.

CRÉQUI.
Mais c'est qu'elle n'ira pas du tout !
GOMBAULT.
N'importe ! n'importe !.. Oh ! monsieur le
comte, je vous en supplie.
CRÉQUI.
Allons, puisque tu le veux absolument... prends
mon cheval.
GOMBAULT.
Ah ! vous me rendez la vie !
NOGARET, à part.
S'il pouvait réussir !

Air : Ah ! quel bonheur ! un mariage. (FRAGMENT DU PHILTRE.)

ENSEMBLE.

GOMBAULT.
Vous consentez ? ô joie extrême !
Oui, je le sens au fond du cœur,
Je vais revoir celle que j'aime,
Tout me présage le bonheur.
CRÉQUI.
Prends mon cheval à l'instant même.

Je te le cède de grand cœur.
Mais vraiment à ta joie extrême,
Non, je ne comprends rien, d'honneur !
NOGARET, à part.
Il consent ! ma joie est extrême !
Je n'ai qu'un désir dans le cœur,
C'est que Gombault, à l'instant même,
Au galop, arrive au bonheur.
CRÉQUI, à Gombault, riant.
Et quant au prix de cette vente,
Si mon noble coursier répond à ton attente,
Plus tard... nous causerons.
GOMBAULT.
Plus tard, je vous dirai
Celui que je lui devrai.

REPRISE DE L'ENSEMBLE.

SCÈNE V.
CRÉQUI, NOGARET.

CRÉQUI, qui a suivi Gombault jusqu'au fond, re-
descendant en riant.

Ah ! ah ! ah ! un cheval écloppé pour prix de ses
œuvres ! je ne me serais jamais permis une telle
épigramme ! On m'avait bien dit qu'un amour
malheureux avait opéré un dérangement dans sa
tête, mais je ne le croyais pas aussi complet.
Voyons, toi, vicomte, toi qui as aussi dans le
cœur une passion malheureuse pour Mme de Caylus, n'aurais-tu pas aussi quelque marché à me
proposer, comme ce fou d'Olivier.

NOGARET, à part.
L'impertinent. (Haut.) Eh ! eh ! il n'est peut-
être pas si fou qu'il en a l'air.
CRÉQUI.
Comment ! lorsqu'il m'offre...
NOGARET.
Que sait-on ? il y a dans ces têtes imaginatives
des idées... qu'un prosaïque gentilhomme,
comme toi, ne peut pas saisir... au premier coup-
d'œil.

CRÉQUI, riant.
Et tu les as saisies au second, toi, mélodieux
vicomte.
NOGARET.
C'est possible, cher comte.
CRÉQUI.
Eh bien ! fais m'en donc part.
NOGARET.
Figure-toi... mais diable, je ne sais si je dois
te dire cela, à toi ? tu ne le trouverais peut-être
pas si plaisant que ça est.
CRÉQUI.
J'y suis donc pour quelque chose ?
NOGARET.
Je crois bien ! puisque ton cheval... (Riant.)
Drôle de bête, va !
CRÉQUI.
Eh bien ! mon cheval, qu'a-t-il fait ?
NOGARET.
Parbleu ! il a fait des siennes.
CRÉQUI.
Tu me ferais mourir d'impatience.

NOGARET.

Eh bien! le cher Olivier vient de t'acheter ton cheval pour être remis par lui sur le chemin que le digne animal lui a fait prendre il y a six mois... Un paradis perdu... et qu'il veut retrouver.

CRÉQUI.

Comment?

NOGARET.

Eh! oui, son intelligence d'homme ayant échoué dans cette entreprise, il a recours à l'instinct de la bête. Une petite maison près Paris, au milieu des champs...

CRÉQUI.

Ciel!.. achève, achève.

NOGARET.

Quoi! tu ne saisis pas encore!.. un valet à moitié endormi... une lampe qui brille... une porte qui s'ouvre... Et puis dans un charmant boudoir, une femme... plus charmante encore... qui dort... et que l'on réveille.

CRÉQUI.

Il se pourrait!.. Et Olivier a eu l'audace...

NOGARET.

D'être heureux? Je crois bien, la bête et l'homme ont été reçus comme toi-même.

CRÉQUI, marchant avec action.

Ah! tout m'est expliqué maintenant... les refus de la marquise... sa fuite.

NOGARET, le suivant.

Tu y es enfin? n'est-ce pas que c'est drôle?.. Elle était jolie, hein?.. ces diables de poëtes, il ne leur arrive rien comme aux autres hommes... on voit bien que le doigt de Dieu les a marqués au front.

CRÉQUI.

Ah! je crois plutôt que ce sont leurs rivaux.

NOGARET.

Tout dans leurs aventures respire un parfum.

CRÉQUI.

La peste t'étouffe avec ton parfum!.. Et c'est au moment où je l'embrasse en ami, lorsque je songe mille fois plus à sa sûreté qu'à la mienne, qu'Olivier...mais ça ne peut se passer ainsi, il faut que je coure après lui, que je lui demande raison... que je le tue cette fois... adieu, adieu, vicomte.

NOGARET, le retenant.

Où vas-tu donc?

CRÉQUI.

Je reviens, je reviens. (A part.) Pas avant de m'être vengé. 　　　　　(Il sort vivement.)

SCÈNE VI.

NOGARET, seul, riant.

Ah! ah! ah! il n'a pas l'air de trouver à la chose tout le piquant qui la distingue. Ce que c'est que de manquer d'imprévu dans les idées. Ah! M. de Créqui vous qui me plaisantez toujours, nous sommes quittes. Mais voici madame de Caylus. Eh mais! que vois-je? je ne me trompe pas... c'est bien madame de Navailles qui est avec elle.

SCÈNE VII.

NOGARET, LA MARQUISE, Mme DE CAYLUS.

NOGARET, allant à la Marquise.

Quelle joie de vous revoir, Madame! votre retour va faire bien des heureux.

Mme DE CAYLUS.

Madame vous répondra plus tard. Dites-moi, avez-vous vu M. Olivier?

NOGARET.

Il vient de partir à l'instant même.

LA MARQUISE.

O ciel!

Mme DE CAYLUS.

Partir! et pourquoi?

NOGARET.

Une fantaisie... l'espoir de retrouver une beauté mystérieuse qu'il a cherchée vainement jusqu'ici.

LA MARQUISE, vivement.

S'il en est temps encore, il ne faut pas qu'il parte. Courez, M. Nogaret, empêchez cette folie.

NOGARET.

Oh! soyez tranquille! avec son moyen de transport, il ne peut aller loin.

LA MARQUISE.

Eh! mon dieu, monsieur, il irait au bout du monde que ça ne l'avancerait pas davantage.

NOGARET.

Quoi! madame, est-ce que vous sauriez...

Mme DE CAYLUS.

Que vous importe? Il s'agit de nous trouver votre ami à l'instant même... de nous l'amener. Allez, monsieur, songez que sa présence est indispensable... une dame l'attend ici.

NOGARET, inquiet.

Une dame!.. pourriez-vous me dire au moins...

Mme DE CAYLUS.

Rien du tout, sinon que vous êtes insupportable avec vos questions. Irez-vous?

NOGARET.

J'obéis, madame, j'obéis. (Revenant.) Mais... (Mme de Caylus fait un signe d'impatience. Il sort.)

SCÈNE VIII.

LA MARQUISE, Mme DE CAYLUS.

LA MARQUISE.

Maintenant, ma chère, m'apprendrez-vous enfin le motif de ce rendez-vous à M. Olivier?

Mme DE CAYLUS.

Je veux le guérir de sa ridicule passion.

LA MARQUISE.

Et comment?

Mme DE CAYLUS.

Oh! mon dieu! c'est bien simple; je vais me présenter à lui, mystérieusement, masquée, et je suis sûre qu'il me prendra, moi, à qui il n'a jamais songé, pour sa belle invisible.

LA MARQUISE.

Quoi! vous croyez?..

Mme DE CAYLUS.

C'est infaillible.

LA MARQUISE.

Et s'il allait devenir amoureux de vous tout de bon.

Mme DE CAYLUS.

Je l'espère bien... c'est dans mon plan. Sans cela la guérison ne serait pas complète.

LA MARQUISE, pensive.

Oui, vous avez raison. C'est en effet le seul moyen de savoir s'il a un véritable amour dans le cœur.

Mme DE CAYLUS, avec coquetterie.

Oh ! il ne peut en réchapper ; car s'il ne l'a pas... Eh bien... on le lui donnera (Mouvement de la marquise.) Assistez seulement à l'entretien, afin qu'il ne puisse pas nier ma victoire.

LA MARQUISE.

Vous êtes donc bien certaine de l'obtenir.

NOGARET, accourant.

Mesdames ! mesdames ! le voici.

LA MARQUISE, se retournant, émue et surprise.

Ah !

NOGARET.

A peine avais-je fait deux cents pas que je l'ai vu revenir ici en toute hâte.

Mme DE CAYLUS.

C'est fort bien ; mais venez vite, ma chère, car mon épreuve a encore besoin de quelques préparations.

LA MARQUISE, à part.

Et moi j'ai besoin de tout mon courage.

(Elles sortent vivement toutes les deux. Nogaret va les suivre ; mais sur un signe impérieux de Mme de Caylus, il reste.)

SCÈNE IX.

NOGARET, GOMBAULT.

NOGARET, regardant par le fond.

Le voilà... Oh ! comme il a l'air de mauvaise humeur. (A Gombault qui entre.) Eh bien, mon ami, où t'a conduit l'ingénieux animal ?

GOMBAULT, avec explosion.

Chez l'avocat Martel !!!

NOGARET.

Ah ! ah ! ah ! ah !

GOMBAULT.

Et cependant, Dieu sait si j'ai contrarié mon guide, si je ne l'ai pas laissé aller à sa fantaisie. je fermais même les yeux, tant j'avais confiance, Et en les ouvrant... je me trouve... dans le quartier latin, au fond d'une ruelle infâme, devant une mâsure... plus noire que la robe de son maître. Je frappe, le cœur rempli d'émotion... une affreuse servante m'ouvre la porte : ne pouvant dire le nom de la personne que je viens chercher... je demande si l'on y est... je monte...

NOGARET.

Et tu presses dans tes bras...

GOMBAULT.

l'avocat Martel !!

NOGARET.

Celui que Créqui visite tous les jours. Diable de cheval, va ! ce que c'est que d'être une bête d'habitude !.. Pauvre ami ! Ah ! ah ! ah ! mais j'ai idée que ton destin va changer, et qu'ici, tout à l'heure, tu trouveras...

GOMBAULT, se jetant dans un fauteuil.

Quelqu'avocat encore !

NOGARET.

Non, non, tu n'en as pas besoin pour plai-der ta cause. Espère, tu vas tout savoir. (A part.) Et moi aussi. Mais voici ces dames.

(Elles entrent ; Nogaret leur montre Gombault dans son fauteuil, s'apprête à prendre part à ce qui va se passer ; mais sur un nouveau signe impérieux de Mme de Caylus, il sort.)

SCÈNE X.

GOMBAULT, dans une profonde rêverie. Mme DE CAYLUS, LA MARQUISE, vêtues de même.

Mme DE CAYLUS, à la marquise.

Le voilà, plongé dans ses réflexions. Nous allons voir s'il est aussi digne de pitié qu'il en a l'air.

LA MARQUISE.

Vous ne sauriez croire combien cette épreuve m'intéresse.

Mme DE CAYLUS.

Ah ! mon Dieu ! moi qui ai oublié mon masque !

LA MARQUISE, tirant un masque de sa poche très vivement.

Prenez le mien.

Mme DE CAYLUS.

Merci ! Maintenant, placez-vous derrière cette tapisserie, vous pourrez tout entendre.

LA MARQUISE, se cachant à moitié derrière la portière de gauche.

J'écoute.

Mme de Caylus vient frapper sur l'épaule de Gombault et reste devant lui, immobile et en silence.

GOMBAULT, se retournant.

Ciel ! n'est-ce point un rêve ? une douce vision ! vain souvenir de la première !.. Ah ! laissez-moi m'assurer de mon bonheur... si je suis bien éveillé... (L'examinant.) Non, non ; cette fois, je ne me trompe pas... c'est bien le masque qui déroba vos traits à mes regards... je le reconnais à un signe certain... l'endroit où mon épée... Oh ! c'est bien lui !

Mme DE CAYLUS, à part, riant.

Ah ! ah ! ah ! voilà déjà le pauvre homme qui se prend sur un masque.

LA MARQUISE, à part.

Oh ! je commence à trembler !

GOMBAULT.

Mais pourquoi m'avoir fui avec tant de persévérance ; madame ? Que pensiez-vous donc de moi, grand Dieu ? quelle crainte vous ai-je inspirée si long-temps ?... Que craignez-vous encore ?

Mme DE CAYLUS, contrefaisant sa voix.

Rien !   GOMBAULT.

Ce masque alors serait déjà tombé... j'aurais déjà vu vos traits ; ces traits qui doivent si bien reproduire tout le charme de vos discours.

Mme DE CAYLUS.

Air : Guarda que bianca luna. (CANULLI.)

Hélas ! monsieur, vous m'avez vue
Plus d'une fois, même au grand jour !
Sans que jamais vous m'ayez reconnue,
Vous qui parlez ici d'amour.
Et si mon indulgence extrême,
N'avait réveillé votre cœur,
Il dormirait à l'instant même
En présence de... son bonheur.

GOMBAULT, à part avec inquiétude.

Qu'entends-je ? le premier aspect de cette femme m'avait ému... transporté... et maintenant...

Mme DE CAYLUS.

Que faut-il croire de cette passion irrésistible ? de cette sympathie qui devait me faire deviner... fût-ce après dix ans ! fût-ce au milieu de mille femmes ?.. Il n'y a que six mois, monsieur, et l'autre jour, au cercle de la reine, nous n'étions que trente...

GOMBAULT, vivement.

Oh ! vous n'y étiez pas, madame !.. celle que j'aime n'y était pas. (A part.) Car plus j'écoute...

Mme DE CAYLUS.

Voilà bien les amans et leur coup-d'œil... infaillible... qui se trompe toujours !

GOMBAULT, à lui-même.

Cette voix !.. ces discours... Oh ! mon Dieu ! ce n'est pas elle !

Mme DE CAYLUS.

Si vous aviez bien regardé, monsieur, le trouble et la rougeur que me causait votre indiscrétion coupable, ne vous auraient pas laissé de doute.

GOMBAULT, distrait.

Depuis six mois j'avais tant souffert !

Mme DE CAYLUS.

Oui, et vous vouliez voir si quelque belle compâtissante ne se présenterait pas pour vous consoler.

GOMBAULT, tristement.

Air : Dis-moi, soldat, t'en souviens-tu ?

N'en croyez rien, tout est fini, madame ;
Je le sens là, jamais un autre amour
Ne viendra plus s'emparer de mon âme,
Et mon bonheur n'aura duré qu'un jour.
Songe léger, enivrante féerie,
Sans vous, je suis comme un pauvre exilé
Qui pleure, hélas ! et, loin de sa patrie,
Ne sera jamais consolé.

Mme DE CAYLUS, bas à la marquise, qui passe sa tête.

Il est pris, ma chère, il est pris !

LA MARQUISE, agitée.

Continuez, continuez.   (Elle se cache.)

SCÈNE XI.

LES MÊMES, CRÉQUI.

CRÉQUI, entrant.

Impossible de rejoindre ce scélérat d'Olivier ! Eh ! mais le voilà !.. (S'arrêtant.) Diable !.. une femme masquée.

Mme DE CAYLUS, revenant près de Gombault.

Mais si je me laissais toucher par votre désespoir, n'aurais-je pas à m'en repentir, monsieur ?

CRÉQUI, toujours au fond.

Eh ! mais... c'est Mme de Caylus !..

Mme DE CAYLUS, continuant.

Qui peut m'assurer que ce sentiment... si vif, né au milieu de la nuit, ne va pas expirer... au grand jour ?

CRÉQUI.

Qu'entends-je ? Ah ! M. de Nogaret, nous al- lons voir si vous trouverez encore votre ami aussi ingénieux que tout à l'heure.   (Il sort en riant.)

Mme DE CAYLUS, à Gombault.

Eh bien ! vous vous taisez ?

GOMBAULT, à part.

A chaque parole qu'elle prononce, je sens un froid mortel qui me gagne le cœur !.. Et, cependant, ce masque !..

Mme DE CAYLUS.

Allons, rassurez-vous...

GOMBAULT, à part.

Je n'ose plus demander à voir son visage.

Mme DE CAYLUS.

Quoique votre cœur soit resté muet à ma vue, on vous excuse.

GOMBAULT.

J'aimais mieux mon amour sans espoir. (Il cache sa figure dans ses mains et retombe dans son fauteuil.)

Mme DE CAYLUS.

Eh bien ! vous ne répondez pas ? vous n'êtes pas ravi, enchanté ? (L'examinant.) Je crois, Dieu me pardonne, qu'il vient de retomber dans ses humeurs noires.

LA MARQUISE, à part.

Ah ! je respire !

Mme DE CAYLUS.

Pour le coup, c'est trop fort. Cet homme est inguérissable... J'y renonce... et... je lève le masque !

LA MARQUISE, très vivement.

Donnez-le moi.

Mme DE CAYLUS.

Quoi ! vous voulez ?..

LA MARQUISE.

Continuer l'épreuve.

Mme DE CAYLUS.

Oh ! l'idée est délicieuse ! mais je crains bien que vous n'y perdiez votre peine, et que le pauvre garçon ne soit ensorcelé tout-à-fait.

LA MARQUISE, avec joie.

Oh ! si cela était !

Mme DE CAYLUS.

Ce serait dommage ; il est évident qu'il a eu affaire à une coquette.

LA MARQUISE.

N'importe, laissez-moi faire, et cachez-vous à votre tour.

Mme DE CAYLUS.

Voyons.

(Elle se retire et se cache derrière la tapisserie.)

LA MARQUISE, s'approchant de Gombault.

Il paraît, monsieur, que les songes ont un grand charme pour vous, puisque vous vous endormez ainsi en présence de la réalité.

GOMBAULT, sortant de sa rêverie.

Qui m'a parlé ?   (La marquise se désigne.)

GOMBAULT, avec tristesse.

Vous !.. Ah ! il m'avait semblé... j'avais cru... (Il regarde autour de lui et court au fond. Revenant.) Non... personne... Et cependant...

LA MARQUISE, à elle-même.

O mon Dieu, je vous remercie : il n'a pas oublié ma voix !

GOMBAULT, à la marquise.

De grâce, madame, quelqu'un serait-il entré dans cette galerie ?

(La Marquise fait signe que non.)

GOMBAULT.

Oh ! répondez, répondez, madame ! Que je vous entende encore, ne me refusez pas ce bonheur.

LA MARQUISE.

Savez-vous que vous êtes bien capricieux.

Air : Guarda que bianca Luna. (CARULLI.)

Ah ! de votre galanterie,
Dont je fais l'épreuve en ce jour,
Permettez, monsieur, que je rie,
Vous qui parlez ici d'amour ;
Car, tout-à-l'heure, à l'instant même,
Pour moi c'est assez peu flatteur,
Vous dormiez d'une ardeur extrême
Vis-à-vis d'un si grand bonheur.

GOMBAULT, qui a écouté avec ravissement.

Oh ! oui, et le plus grand que j'aie jamais éprouvé... Cette fois, je ne puis commettre d'erreur... c'est vous, c'est bien vous...

LA MARQUISE.

Certainement, c'est moi, puisque je n'ai pas bougé d'ici.

GOMAAULT.

Quoi, madame !... Mais qu'importe, je ne cherche pas à m'expliquer si cela est possible ! je vous entends, et je ne doute plus.

LA MARQUISE, à Gombault.

Vous ne doutez plus ?

GOMBAULT, continuant.

Non Madame, une apparence fugitive a pu d'abord me faire un moment d'illusion ; mais à présent que vous me parlez... que je vous vois..

LA MARQUISE.

Vous me voyez ! malgré mon masque ?.. vous me permettrez alors de vous faire compliment ; mais pourriez-vous me dire comment je suis ?

GOMBAULT.

Oh ! vous pouvez vous moquer de moi, Madame, rire à mes dépens, me railler, m'injurier même, je vous entends... je suis heureux.

LA MARQUISE.

Mais vous évitez de répondre, Monsieur ; cela ne me dit pas...

GOMBAULT.

Comment vous êtes, Madame ? ah ! si j'osais... vous oubliez que le souvenir aussi a des yeux... votre présence me les a rendus ; car Madame, malgré tout ce que vous pourrez dire, et quoique je ne puisse pas l'expliquer, tout à l'heure, ce n'était pas vous qui me parliez, non ce n'était pas vous, et l'obscurité pour moi était complète : rien de ce qui charme, séduit, entraîne ne m'avait encore ouvert les yeux.

Mme DE CAYLUS, sortant vivement de derrière la tapisserie.

Monsieur Gombault, vous êtes un impertinent !

GOMBAULT, à part.

Madame de Caylus !

Mme DE CAYLUS, continuant.

Et de plus une pauvre dupe !.. oui Monsieur ; car Madame n'a pas plus que moi des droits sur un passé... beaucoup trop poétique pour nous, et que votre imagination...nous venons d'en faire l'épreuve, vous rendra toutes les fois que vous voudrez.

GOMBAULT.

Qu'entends-je ?.. mais non, non ; je ne puis croire...

Mme DE CAYLUS.

Il en doute encore...

GOMBAULT, à la Marquise.

Serait-il bien possible, Madame ?

LA MARQUISE, ôtant son masque.

Jugez-en vous-même Monsieur.

GOMBAULT.

Mme de Navailles ! vous ! vous !.. tant de bonheur me serait promis ! ah ! ne me dites pas que j'ai rêvé.   (Il tombe à ses pieds).

Mme DE CAYLUS.

Il persiste encore ! détrompez-le donc, ma chère.

LA MARQUISE.

Que voulez-vous ? il a l'air si heureux... je n'ose plus.

GOMBAULT.

Ah !..   (Il couvre sa main de baisers).

Mme DE CAYLUS, à la marquise.

Si c'est comme cela que vous les guérissez !..

SCÈNE XII.

LES MÊMES, NOGARET, CRÉQUI.

CRÉQUI, entraînant Nogaret et lui montrant Gombault.

Tiens, tiens, regarde !.. Ah ! ah ! ah ! nous arrivons au bon moment...

NOGARET, voulant s'élancer.

La perfide !

CRÉQUI, riant toujours et le retenant.

Allons, calme-toi ; un peu de philosophie.

NOGARET, s'échappant.

Non, je veux... Mais que vois-je ? ce n'est pas la comtesse ! Ah ! ah ! ah ! regarde donc aussi, mon cher !

CRÉQUI.

Ciel ! Mme de Navailles !

NOGARET, riant.

Nous arrivons au bon moment.

CRÉQUI, voulant s'élancer.

Oh ! il faut à l'instant...

NOGARET, riant toujours et le retenant.

Calme-toi... un peu de philosophie...

CRÉQUI, s'échappant, à Gombault.

Debout, monsieur ! c'est à un autre passe-temps que je vous convie.

LA MARQUISE.

Et moi, monsieur le comte, c'est à ma noce avec M. Olivier Gombault.

CRÉQUI.

Votre noce !

LA MARQUISE.

Épargnez un mari... que jai reçu de votre main, monsieur... (Elle lui remet la lettre du second acte.)

CRÉQUI, à part.

Maladroit ! ma lettre à la jolie blonde.

GOMBAULT.

Et puisque je ne peux plus être votre adversaire, daignez me servir de témoin.

CRÉQUI, à lui-même.

Rien à répondre, et c'est moi qui me joue un pareil tour !

NOGARET, à Créqui.

Que dis-tu de cela, toi ?

CRÉQUI, *prenant son parti gaiment.*

Que je ne puis lutter contre les femmes et le sort ! Et que lorsqu'on prête son manteau et son cheval à un ami... il est rare qu'il ne vous emprunte pas encore davantage... Mon ami, je te pardonne ton bonheur.

NOGARET, à Mme de Caylus.

Et le mien, madame, n'arrivera-t-il pas ?

Mme DE CAYLUS, *légèrement.*

Nous verrons... l'année prochaine. (A la marquise.) Ah ça ! c'était donc vous !

GOMBAULT, à Mme de Caylus.

Je vous le dirai... le lendemain de mes noces.

CHOEUR FINAL.

Air de Lestocq.

Heureux amans, $\genfrac{}{}{0pt}{}{\text{goûtez}}{\text{goûtons}}$ sans cesse

Un bonheur par $\genfrac{}{}{0pt}{}{\text{eux}}{\text{nous}}$ mérité!

Aujourd'hui la plus douce ivresse
Devient le prix, le prix de la fidélité.

FIN DU CHEVAL DE CRÉQUI.

NOTA. S'adresser pour la Musique de cette pièce, et tous les ouvrages du répertoire du théâtre du Vaudeville, à M. R. TARANNE, bibliothécaire dudit théâtre.